»Ein kleiner Regen macht nicht nass«

Ausgewählt von Paula Schmid
Mit Illustrationen von Gerda Raidt

INSEL VERLAG

Insel-Bücherei Nr. 2534

»Ein kleiner Regen macht nicht nass«

»Was ich tue? Nichts! Ich lasse das Leben auf mich regnen.«

Rahel Varnhagen

MASCHA KALÉKO

Jugendliebe a.D.

Die ganze Nacht hindurch hat es geregnet.
Mir ahnte gleich: der Tag fängt nicht gut an.
Um Mittag kam vom Steueramt der Mann,
Und dann am Abend bin ich dir begegnet.

Ich hätte dich beinahe nicht erkannt.
Du hast dich sehr verändert in den Jahren.
Auch ich hab zwischendurch sehr viel erfahren.
Mein Optimismus trat in Ruhestand.

– Was ich so treibe …? Nicht sehr viel. Man trottet
So nach und nach sein kleines Pensum ab.
Und meine Träume hab ich eingemottet.
Ich wuchs heraus. Nun sind sie mir zu knapp …

Du fragst so viel. – Ob ich jetzt glücklich sei,
Ob ich verliebt sei. Wie es sonst mir ginge …
Ich frage nichts. Dein Blick sagt mancherlei.
Es war einmal … Doch das sind tote Dinge.

HANS MAGNUS ENZENSBERGER
Der Fliegende Robert

Eskapismus, ruft ihr mir zu,
vorwurfsvoll.
Was denn sonst, antworte ich,
bei diesem Sauwetter! –,
spanne den Regenschirm auf
und erhebe mich in die Lüfte.
Von euch aus gesehen,
werde ich immer kleiner und kleiner,
bis ich verschwunden bin.
Ich hinterlasse nichts weiter
als eine Legende,
mit der ihr Neidhammel,
wenn es draußen stürmt,
euern Kindern in den Ohren liegt,
damit sie euch nicht davonfliegen.

WALTER KEMPOWSKI

Am besten, man fahre in den Harz

Wenn es regnete – und es regnete oft – saß ich mit Lili und Elke in der Liegehalle und ließ die Beine baumeln. Schwarze Schnecken auf dem Weg. Das Wasser schoß aus der defekten Regenrinne, und in den Pfützen schwammen gelbe Blasen.

Mein Vater stand mit seiner Zigarre unter der Tür und sagte: »Typisch. Kaum zu glauben, was da für Wasser runterkommt. Wenn man das mal ausrechnet, das sind gewiß ich weiß nicht wieviel Tons. Wo kommt bloß all das Wasser her?«

Meine Mutter fand es zum Verzweifeln. Aber es höre gewiß bald auf, es könne ja nicht ewig regnen. Das sei meistens so: eh man sich's versieht, kommt die Sonne durch und: wie schön, daß man im Juli gefahren sei und nicht im August. Wenn im August noch ein paar schöne Tage kämen, könne man sie ja auch zu Hause noch genießen. Was wohl ihre Blumen machten, auf dem Balkon, und die schöne Aussicht.

ELSE LASKER-SCHÜLER
Abschied

Der Regen säuberte die steile Häuserwand,
Ich schreibe auf den weißen, steinernen Bogen
Und fühle sanft erstarken meine müde Hand
Von Liebesversen, die mich immer süß betrogen.

Ich wache in der Nacht stürmisch auf
        hohen Meereswogen!
Vielleicht entglitt ich meines Engels
        liebevoller Hand,
Ich hab' die Welt, die Welt hat mich betrogen;
Ich grub den Leichnam zu den Muscheln in
        den Sand.

Wir blicken all' zu *einem* Himmel auf,
        mißgönnen uns das Land? –
Warum hat Gott im Osten wetterleuchtend
        sich verzogen,
Vom Ebenbilde Seines Menschen übermannt?

Ich wache in der Nacht stürmisch auf
                hohen Meereswogen!
Und was mich je mit Seiner Schöpfung
                      Ruhetag verband,
Ist wie ein spätes Adlerheer unstet in diese
                  Dunkelheit geflogen.

GÜNTER EICH
Botschaften des Regens

Nachrichten, die für mich bestimmt sind,
weitergetrommelt von Regen zu Regen,
von Schiefer- zu Ziegeldach,
eingeschleppt wie eine Krankheit,
Schmuggelgut, dem überbracht,
der es nicht haben will –

Jenseits der Wand schallt das Fensterblech,
rasselnde Buchstaben, die sich zusammenfügen,
und der Regen redet
in der Sprache, von welcher ich glaubte,
niemand kenne sie außer mir –

Bestürzt vernehme ich
die Botschaften der Verzweiflung,
die Botschaften der Armut
und die Botschaften des Vorwurfs.
Es kränkt mich, daß sie an mich gerichtet sind,
denn ich fühle mich ohne Schuld.

Ich spreche es laut aus,
daß ich den Regen nicht fürchte und
                      seine Anklagen
und den nicht, der sie mir zuschickte,
daß ich zu guter Stunde
hinausgehen und ihm antworten will.

ZBIGNIEW HERBERT

Was ist das Licht Hollands?

Oft habe ich bei Gesprächen nach den Ferien gehört, wie das Licht ferner Gegenden gepriesen
wurde. Doch was ist das Licht wirklich, um des-
sentwillen Künstler früher ihre Heimatstädte ver-
ließen, Arbeitsgenossenschaften gründeten, dem
Sonnenkult frönten und als Schule aus N. in die
Geschichte eingingen? Was ist das Licht Hollands,
das für mich in den Bildern so klar ist, aber abwe-
send in der unmittelbaren Umgebung? Einmal
beschloß ich, den ganzen Tag meteorologischen
Studien zu widmen. Der Morgen war heiter, aber
die Sonne befand sich in einer trüben Emulsion,
ähnlich einer Milchglasbirne, von daher kam keine Spur des »azzurro«. Da tauchten Wolken auf
und verschwanden schnell. Genau um 13.30 Uhr
erfolgte plötzlich eine Abkühlung, und eine halbe
Stunde später stürzte ein grobkörniger, blaugrau-
er Platzregen herab. Er prallte wütend auf die Erde,
es wirkte, als kehre er nach oben zurück, um mit

größerer Verbissenheit noch einmal zu fallen. Das dauerte etwa eine Stunde. Genau um 19 Uhr fuhr ich zur Vertiefung meiner Studien nach Scheveningen. Zu dieser Zeit hörte der Regen auf. Wolkenmassen überall im Westen. Schwimmbad, Kabinen, Kasino, sonst blendend weiß, überzog nun ein Anflug von Violett. Kurz vor 20 Uhr veränderte sich das alles – es begann ein berauschendes Festival von Wasserdampf, schwer zu beschreibende Metamorphosen, Formen, Farben, denn sogar die Abendsonne entsandte frivole Rosatöne und ein operettenhaftes Gold.

Das Schauspiel endete. Der Himmel war klar. Der Wind hatte sich gelegt. Aufgeleuchtet und erloschen waren ferne Lichter – und plötzlich, ohne Ankündigung, ohne Windhauch und Vorahnung zeigte sich im Westen eine Wolke von aschgrauer Farbe, eine Wolke von der Form eines zerrissenen Gottes.

JOACHIM RINGELNATZ

Landregen

Der Regen rauscht. Der Regen
Rauscht schon seit Tagen immerzu.

Und Käferchen ertrinken
Im Schlammrinn an den Wegen.
Der Wald hat Ruh.
Gelabte Blätter blinken.

Im Regenrauschen schweigen
Alle Vögel und zeigen
Sich nicht.

Es rauscht urewige Musik.

Und dennoch sucht mein Blick
Ein Streifchen helles Licht.
Fast schäm ich mich, zu sagen:
Ich sehne mich nach etwas Staub.

Ich kann das schwere, kalte Laub
Nicht länger mehr ertragen.

RAYMOND CHANDLER
Fußbad im Cabrio

Regen ließ die Gullis überlaufen und spritzte knie-
hoch vom Gehsteig auf. Große Cops in Regen-
jacken, die wie Gewehrläufe glänzten, vergnügten
sich damit, kichernde Mädchen über die üblen
Stellen zu tragen. Der Regen trommelte hart auf
das Verdeck und sickerte langsam durch. Am Wa-
genboden bildete sich ein Fußbad. Für so einen
Regen war es zu früh im Herbst. Ich quälte mich
in meinen Trenchcoat, raste in den nächsten Drug-
store und holte mir einen halben Liter Whiskey.
Wieder im Auto, schüttete ich mir genug davon
rein, um warm und wach zu bleiben. Meine Park-
zeit war längst abgelaufen, aber die Cops hatten
alle Hände voll damit zu tun, Mädchen zu tragen
und herumzutrillern.

Obwohl – oder vielleicht sogar weil – es so
regnete, hatte Geiger gut Kundschaft. Sehr schicke
Autos hielten vor dem Laden, und sehr schicke
Leute gingen mit Päckchen ein und aus. Keineswegs nur Männer.

Er tauchte gegen vier auf. Ein cremefarbenes Coupé hielt an, und ich erhaschte einen Blick auf das fette Gesicht mit dem Charlie-Chan-Schnäuzer, als er rasch heraus und in den Laden sprang. Kein Hut, grüner Regenmantel aus Leder, mit Gürtel. Das Glasauge konnte ich auf die Entfernung nicht erkennen. Ein großer, sehr gutaussehender Bursche in einem Wams kam aus dem Laden und fuhr das Coupé um die Ecke, dann kam er zu Fuß zurück, von den schillernden schwarzen Haaren rann der Regen.

Eine weitere Stunde verging. Es wurde dunkel, die schwarze Straße schluckte die regenumwölkten Lichter der Geschäfte. Trams klingelten ungehalten. Gegen Viertel nach fünf trat der große Junge im Wams mit einem Schirm aus Geigers Laden, das cremefarbene Coupé holen. Als Geiger herauskam, hielt ihm der große Junge den Schirm über den entblößten Kopf. Klappte ihn zu, schüttelte ihn aus, reichte ihn in den Wagen. Und zischte in den Laden zurück. Ich ließ meinen Motor an.

Das Coupé fuhr auf dem Hollywood Boulevard nach Westen, was mir einen U-Turn und eine Menge Feinde einbrachte, darunter einen Wagenführer der Tram, der seinen Kopf in den Regen streckte, um mich zusammenzustauchen. Bis alles richtig lief, hatte das Coupé schon zwei Blocks Vorsprung. Hoffentlich war Geiger auf dem Heimweg. Zwei-, dreimal sah ich ihn kurz, dann holte ich ihn gerade noch ein, als er den Laurel Canyon Boulevard Richtung Norden nahm. Auf halber Höhe bog er links ab auf ein gewundenes Band aus feuchtem Beton. Laverne Terrace. Eine enge Straße, auf einer Seite ein steil ansteigender Hang, auf der anderen in loser Folge flache Holzhäuser, deren Dächer kaum über Straßenhöhe emporragten, die vorderen Fenster von Hecken und Büschen verdeckt. Überall trieften die Bäume.

Geiger hatte Licht an, ich nicht. Ich gab Gas und überholte ihn in einer Kurve, merkte mir die Hausnummer und wendete am Ende des Blocks. Er stand schon. Die Scheinwerfer leuchteten schräg in die Garage eines kleinen Hauses, dessen Buchshecke die Eingangstür komplett verdeckte. Ich sah ihn mit aufgespanntem Schirm aus der Garage kommen und durch einen Spalt in der Hecke zum Haus gehen. Es wirkte nicht, als fühlte er sich beschattet. Drinnen ging das Licht an. Ich ließ den Wagen bis zum Nachbarhaus eins darüber rollen, das unbewohnt wirkte, aber kein »Zu verkaufen«-Schild davor hatte. Ich parkte, lüftete mein Cabrio aus, nahm einen Schluck aus der Flasche und blieb sitzen. Ich wusste nicht, worauf ich wartete, aber irgendetwas sagte mir, ich solle warten.

ELISABETH BORCHERS
eia wasser regnet schlaf

1

eia wasser regnet schlaf
eia abend schwimmt ins gras
wer zum wasser geht wird schlaf
wer zum abend kommt wird gras
weißes wasser grüner schlaf
großer abend kleines gras
es kommt es kommt
ein fremder

2

was sollen wir mit dem ertrunkenen
                     matrosen tun?
wir ziehen ihm die stiefel aus
wir ziehen ihm die weste aus
und legen ihn ins gras

mein kind im fluß ist's dunkel
mein kind im fluß ist's naß
was sollen wir mit dem ertrunkenen
matrosen tun?
wir ziehen ihm das wasser an
wir ziehen ihm den abend an
und tragen ihn zurück

mein kind du mußt nicht weinen
mein kind das ist nur schlaf

was sollen wir mit dem ertrunkenen
matrosen tun?
wir singen ihm das wasserlied
wir sprechen ihm das grasgebet
dann will er gern zurück

3
es geht es geht
ein fremder
ins große gras den kleinen abend
im weißen schlaf das grüne naß
und geht zum gras und wird ein abend

und kommt zum schlaf und wird ein naß
eia schwimmt ins gras der abend
eia regnet's wasserschlaf

HERMANN HESSE
Verregneter Sonntag

Da regnet es nun seit der grauen Morgenfrühe
Stunde um Stunde diesen ganzen Sonntag durch.
Lange bin ich im Bett geblieben, in meinem Eck-
und Dachzimmer in dem alten stillen Hotel, wo
ich schon so viele Sonnen- und Regentage erlebt
habe. Ich versuchte mich darauf zu besinnen, wie
ich in früheren Zeiten meines Lebens solche Regentage zugebracht habe. Eine gewisse Verlegen-
heit und Bedrückung, glaube ich, haben sie mir
immer gebracht, auch in der Jugend schon, wo ich
an einem solchen Sonntag zehn Stunden Nietzsche
lesen und erst noch am Nachmittag drei Stunden
Billard spielen konnte. Harmlos und freundlich
waren solche Tage nur in der Kindheit, und da
habe ich an Regentage ein paar Erinnerungen, im
untersten, ältesten Vorrat: ich erinnere mich z.B.
an einen alten Kamin, eine Art Höhle im Erdge-
schoß des Vaterhauses, wo es finster war und be-
klemmend nach Ruß roch und nach feucht be-

schlagenem Sandstein. Wahrscheinlich war dieser Kamin, der seit Jahrzehnten kalt und leer und unbenutzt stand, früher ein Backofen gewesen. In ihm saß ich manchmal an einem Regentag, allein, im Finstern, weit von allen Menschen und unauffindbar für Magd und Eltern, kauerte da im Halbdunkel und starrte in den grauen tönenden Vorhang von Regen, der vor der Tür hing, und schwelgte bezaubert in einem Rausch von Einsamkeit, Regen, Stille, Dunkel und Geheimnis. Auch ist mir ein Regensonntag erinnerlich, an dem ich von meinem Vater in einer Dachkammer eingesperrt worden war, zur Bestrafung irgendeines soeben an den Tag gekommenen Verbrechens. Dort konnte ich vom Regen nichts sehen, wohl aber ihn hören, ich saß auf einer Kiste direkt unter dem klatschenden Ziegeldach. Aber ich achtete auf den Regen nicht, denn ich hatte schon bald nach meiner Verhaftung und Gefangensetzung die Entdeckung gemacht: erstens waren da unter allen den gewöhnlichen Ziegeln zwei gläserne, die waren zwar nicht durchsichtig, ließen aber doch Licht herein, und zweitens war eine von den vielen arg verstaubten

Kisten, die da seit Urväterzeiten herumstanden, gefüllt mit einem Haufen vergilbter Schriften, lauter dünnen Heften und Broschüren, die ich junger Leser sogleich zu durchforschen unternahm. Die Enttäuschung war groß, es waren lauter fromme Erbauungsschriften, Erzählungen von scheußlich braven und blöden Knaben, die ihren Eltern gehorchten, ihre Lehrer liebten (»liebten!«), ihre erblindeten Mütter in Fahrstühlen herumfuhren und durch Vorlesen aus der Heiligen Schrift erbauten und dafür von Gott gesegnet wurden. Aber etwas tiefer in der Kiste erwischte ich doch etwas Lesenswertes, einen kleinen Schatz, die Lebensgeschichte eines Räuberhauptmanns in der Pfalz, der etwa zur Zeit meiner Urgroßväter lebte und dessen Taten, Leiden und Hinrichtung mit herrlicher Deutlichkeit beschrieben waren. Auch heute noch gehört das Lesen zu den Waffen, mit denen ich die Bedrücktheit eines finsteren Regentages bekämpfe, und eigentlich habe ich dazu heute drei schönere Bücher zur Verfügung als damals, aber leider schmecken auch die besten Bücher heute nicht mehr so wie damals der Räuberhauptmann.

Es hat mir zum Beispiel der Inselverlag den »Pieter Breughel« von Felix Timmermanns geschickt, da erwähnt der geruhsame Flame das Leben seines großen Landsmanns in seiner satten, bilderbogenhaften, geduldigen, kindlich liebenswerten Weise, ich lese es gerne, wenn auch ohne Schauer und Spannung. Oder ich blicke in die »Stufen der Erkenntnis« von Kuno Fiedler (bei Georg Müller in München), da kämpft ein ungewöhnlicher, heftiger und rassiger Geist mit einem der lebendigsten Probleme, nämlich mit dem der Ungleichheit der Menschen. Er hat gemerkt (was in demokratischen und geistig saturierten Zeiten wie der unseren schon eine Entdeckung ist), daß es nicht einen Normalmenschen gibt, der die und die Eigenschaften hat und in dessen Denken sich die und die von Kant geforderten Kategorien vorfinden, sondern daß es inmitten der uninteressanten Normalmenschen zuweilen überwertige Menschen gibt, die oft nebenbei pathologisch sind, denen aber die Möglichkeit gegeben ist, die Wahrheit zu sagen, die Unerbittlichkeit der Lebensvorgänge und die Sinnbildlichkeit jedes Einzelseins für das Ganze. Fiedler versucht nun eine Hierarchie der Geister und Charaktere aufzustellen, eine Stufenleiter ihrer Werte, und tut damit etwas ebenso Unzeitgemäßes wie Notwendiges. Er tut es, wie es nicht anders sein kann, mit unzulänglichen Mitteln, wir können seine Sprache und seine Sinnbilder zur Not verstehen, sie aber nicht übernehmen und zur unseren machen. Dennoch ist sein Buch voll Leben und Geist, es sollte sehr beachtet werden. – Und derselbe Verlag Georg Müller hat mir auch eine neueste Ausgabe von Alfred Kubins Roman »Die andere Seite« geschickt, diesem unvergeßlichen Buch, einem der am meisten dichterischen der letzten Jahrzehnte, und diese neue Ausgabe enthält zu meiner Freude mehrere neue Zeichnungen von Kubin, die ich herzlich begrüße. Kubin gehört keineswegs zu dem Typus von Künstler, der mir am nächsten steht und den ich am meisten liebe, aber inmitten unserer blöden Unterhaltungs-, und Industriekunst ist er einer von den wenigen, die ich als Brüder und meinesgleichen irgendwo verborgen sitzen weiß, an ihre Spiele verloren, leidend, aber fruchtbar, niemals käuflich, außerhalb des Tages und des Schwindels. Ich kann jedoch nicht mehr wie einst zehn Stunden am Tage lesen, und so fange ich an im Stübchen auf und ab zu gehen, bleibe am Fenster stehen, blicke auf den kleinen runden Platz mit dem Lindenbaum hinab und in die schmale enge Gasse, die aus lauter Wirtshäusern besteht, aus der Sense, dem Ochsen, dem Hörnli und der Blume, lauter alten Häusern mit hohen steilen Dächern, an denen der Regen niederrinnt. In der Blume sehe ich ein Zimmermädchen in einem Fenster erscheinen, ein schlankes angenehmes Mädchen in weißer Schürze, sie schüttelt ihren Kehrbesen aus und bleibt zwei Minuten träumerisch am Fenster stehen. Jetzt sieht sie mich, sie lächelt, ich nicke ihr zu, freundlich nickt sie wieder und zieht sich wieder zurück. Leider war sie allzu freundlich, von jener Freundlichkeit, wie junge hübsche Mädchen sie für gesetzte ältere Onkels haben, von denen nichts zu fürchten ist.

Es regnet ganz gewaltig, und gegenüber scheint eine Dachrinne sich verstopft zu haben, dort fällt aus schöner Höhe ohne Unterbrechung ein kleiner eifriger Wasserfall auf den gepflasterten Platz hinunter. An solchen Dachwasserfällen haben wir als Kinder verbotenerweise die Regenschirme unserer Mütter und Tanten ausprobiert, es war ein hübsches Spiel.

Im Fenster lehnend, wo es bei besserem Wetter um diese Stunde Sperlinge und Buchfinken zu füttern gäbe, sehe ich dem endlosen Sichergießen der himmlischen Wasser zu. Ich denke mir: wenn es nun so weiter regnen würde, heute und morgen und übermorgen, tagelang, wochenlang, monatelang immer weiter und weiter – was würde da werden? Da würde auf den Straßen eine angenehme Ruhe entstehen, die Automobile würden wegbleiben, mitten auf den lebensgefährlichsten Fahrdämmen würden die Regenmolche quaddeln. Es blieben dann allmählich auch die Eisenbahnen aus, und die Post, denn die Geleise wären überschwemmt und die meisten Tunnels würden einsinken und herunterbröckeln. Und zuletzt würde das Meer steigen, langsam steigen, und würde von der Küste aus sich das Land erobern. Es wäre schad um manches Fischerdorf, gewiß, und um manchen edlen Olivenbaum, der sich grau und wehend übers blaue Wasser beugt. Aber, so denke ich mir in meiner verregneten sonntäglichen Trägheit, es brauchte das Meer nur um wenige Dutzend Meter zu steigen, dann wäre alles das ausgelöscht und ersäuft, was den Lärm und Unfrieden in die Welt bringt. Es liegen nahezu sämtliche Weltstädte nur in sehr kleiner Erhöhung über dem Meere, und wenn es zwanzig Jahre regnen müßte, damit der Jura und der Schwarzwald oder gar die Alpen ersäuft würden, so würde es für New York, London, Berlin usw. unendlich viel weniger Zeit brauchen. Wie sehr schade es darum sein würde, ist ja nicht auszudenken. Aber an einem Regentag mit diesem Gedanken zu spielen, ist merkwürdig befriedigend.

MAX FRISCH

Sonntag:
10.00
Regen wie Spinnweben über dem Gelände.
10.40
Regen als Perlen an der Scheibe.
11.30
Regen als Stille; kein Vogel zwitschert, im Dorf
kläfft kein Hund, die lautlosen Hüpfer in jedem
Tümpel, die langsam gleitenden Tropfen an
den Drähten.
11.50
kein Regen.
13.00
Regen, der nicht zu sehen ist, man spürt ihn
bloß auf der Haut, wenn man die Hand aus
dem Fenster streckt.
15.10
Regen als Zischen im Laub der Kastanie.

15.20

Regen wie Spinnweben.

16.00

kein Regen, nur das Efeu tropft.

17.30

Regen mit Wind, der gegen die Fensterscheiben
klatscht, draußen Spritzer auf dem Granit-Tisch,
der schwärzlich geworden ist, die Spritzer wie
weiße Narzissen.

18.00

wieder das Gurgeln ums Haus.

19.30

kein Regen, aber Nebel.

23.00

Regen als Glitzern im Schein der Taschenlampe.

Die Sintflut

Aber die Erde war verderbt vor Gott und voller Frevel. Da sah Gott auf die Erde, und siehe, sie war verderbt; denn alles Fleisch hatte seinen Weg verderbt auf Erden.

Da sprach Gott zu Noah: Das Ende allen Fleisches ist bei mir beschlossen, denn die Erde ist voller Frevel von ihnen; und siehe, ich will sie verderben mit der Erde. Mache dir einen Kasten von Tannenholz und mache Kammern darin und verpiche ihn mit Pech innen und außen. Und mache ihn so: Dreihundert Ellen sei die Länge, fünfzig Ellen die Breite und dreißig Ellen die Höhe. Ein Fenster sollst du für den Kasten machen obenan, eine Elle groß. Die Tür sollst du mitten in seine Seite setzen. Und er soll drei Stockwerke haben, eines unten, das zweite in der Mitte, das dritte oben.

Denn siehe, ich will eine Sintflut kommen lassen auf Erden, zu verderben alles Fleisch, darin

Odem des Lebens ist, unter dem Himmel. Alles, was auf Erden ist, soll untergehen. Aber mit dir will ich meinen Bund aufrichten, und du sollst in die Arche gehen mit deinen Söhnen, mit deiner Frau und mit den Frauen deiner Söhne. Und du sollst in die Arche bringen von allen Tieren, von allem Fleisch, je ein Paar, Männchen und Weibchen, dass sie leben bleiben mit dir. Von den Vögeln nach ihrer Art, von dem Vieh nach seiner Art und von allem Gewürm auf Erden nach seiner Art: Von den allen soll je ein Paar zu dir hineingehen, dass sie leben bleiben. Und du sollst dir von jeder Speise nehmen, die gegessen wird, und sollst sie bei dir sammeln, dass sie dir und ihnen zur Nahrung diene. Und Noah tat alles, was ihm Gott gebot.

7   Und der HERR sprach zu Noah: Geh in die Arche, du und dein ganzes Haus; denn dich habe ich für gerecht befunden vor mir zu dieser Zeit. Von allen reinen Tieren nimm zu dir je sieben, das Männchen und sein Weibchen, von den unreinen Tieren aber je ein Paar, das Männchen und sein

Weibchen. Desgleichen von den Vögeln unter dem Himmel je sieben, Männchen und Weibchen, um Nachkommen am Leben zu erhalten auf der ganzen Erde. Denn von heute an in sieben Tagen will ich regnen lassen auf Erden vierzig Tage und vierzig Nächte und vertilgen von dem Erdboden alles Lebendige, das ich gemacht habe.

Und Noah tat alles, was ihm der HERR gebot. Er war aber sechshundert Jahre alt, als die Sintflut auf Erden kam. Und er ging in die Arche mit seinen Söhnen, seiner Frau und den Frauen seiner Söhne vor den Wassern der Sintflut. Von den reinen Tieren und von den unreinen, von den Vögeln und von allem Gewürm auf Erden gingen sie zu ihm in die Arche paarweise, je ein Männchen und Weibchen, wie ihm Gott geboten hatte.

Und als die sieben Tage vergangen waren, kamen die Wasser der Sintflut auf Erden. In dem sechshundertsten Lebensjahr Noahs am siebzehnten Tag des zweiten Monats, an diesem Tag brachen alle Brunnen der großen Tiefe auf und taten sich die Fenster des Himmels auf, und ein Regen kam auf Erden vierzig Tage und vierzig Nächte.

An eben diesem Tage ging Noah in die Arche mit Sem, Ham und Jafet, seinen Söhnen, und mit seiner Frau und den drei Frauen seiner Söhne; dazu alles wilde Getier nach seiner Art, alles Vieh nach seiner Art, alles Gewürm, das auf Erden kriecht, nach seiner Art und alle Vögel nach ihrer Art, alles, was fliegen konnte, alles, was Fittiche hatte, das ging alles zu Noah in die Arche paarweise, von allem Fleisch, darin Odem des Lebens war. Und das waren Männchen und Weibchen von allem Fleisch, und sie gingen hinein, wie denn Gott ihm geboten hatte. Und der HERR schloss hinter ihm zu.

Und die Sintflut war vierzig Tage auf Erden, und die Wasser wuchsen und hoben die Arche auf und trugen sie empor über die Erde. Und die Wasser nahmen überhand und wuchsen sehr auf Erden, und die Arche fuhr auf den Wassern. Und die Wasser nahmen überhand und wuchsen so sehr auf Erden, dass alle hohen Berge unter dem ganzen Himmel bedeckt wurden. Fünfzehn Ellen hoch gingen die Wasser über die Berge, sodass sie ganz bedeckt wurden.

Da ging alles Fleisch unter, das sich auf Erden regte, an Vögeln, an Vieh, an wildem Getier und an allem, was da wimmelte auf Erden, und alle Menschen. Alles, was Odem des Lebens hatte auf dem Trockenen, das starb. So vertilgte er alles, was auf dem Erdboden war, vom Menschen an bis hin zum Vieh und zum Gewürm und zu den Vögeln unter dem Himmel. Sie wurden von der Erde vertilgt. Allein Noah blieb übrig und was mit ihm in der Arche war. Und die Wasser wuchsen gewaltig auf Erden hundertfünfzig Tage.

8 Da gedachte Gott an Noah und an alles wilde Getier und an alles Vieh, das mit ihm in der Arche war; und Gott ließ Wind auf Erden kommen, und die Wasser fielen. Und die Brunnen der Tiefe wurden verstopft samt den Fenstern des Himmels, und dem Regen vom Himmel wurde gewehrt. Da verliefen sich die Wasser von der Erde und nahmen immer mehr ab nach hundertfünfzig Tagen. Am siebzehnten Tag des siebenten Monats setzte die Arche auf dem Gebirge Ararat auf. Es nahmen aber die Wasser immer mehr ab bis auf den zehn-

ten Monat. Am ersten Tage des zehnten Monats sahen die Spitzen der Berge hervor.

Nach vierzig Tagen tat Noah an der Arche das Fenster auf, das er gemacht hatte, und ließ einen Raben ausfliegen; der flog immer hin und her, bis die Wasser vertrockneten auf Erden. Danach ließ er eine Taube ausfliegen, um zu erfahren, ob die Wasser sich verlaufen hätten auf Erden. Da aber die Taube nichts fand, wo ihr Fuß ruhen konnte, kam sie wieder zu ihm in die Arche; denn noch war Wasser auf dem ganzen Erdboden. Da tat er die Hand heraus und nahm sie zu sich in die Arche. Da harrte er noch weitere sieben Tage und ließ abermals die Taube fliegen aus der Arche. Sie kam zu ihm um die Abendzeit, und siehe, sie hatte ein frisches Ölblatt in ihrem Schnabel. Da merkte Noah, dass die Wasser sich verlaufen hatten auf Erden. Aber er harrte noch weitere sieben Tage und ließ die Taube ausfliegen; sie kam nicht wieder zu ihm.

Im sechshundertundersten Jahr Noahs am ersten Tage des ersten Monats waren die Wasser vertrocknet auf Erden. Da tat Noah das Dach von der

Arche und sah, dass der Erdboden trocken war. Und am siebenundzwanzigsten Tage des zweiten Monats war die Erde ganz trocken. Da redete Gott mit Noah und sprach: Geh aus der Arche, du und deine Frau, deine Söhne und die Frauen deiner Söhne mit dir. Alles Getier, das bei dir ist, von allem Fleisch, an Vögeln, an Vieh und allem Gewürm, das auf Erden kriecht, das lass mit dir herausgehen, dass sie sich regen auf Erden und fruchtbar seien und sich mehren auf Erden. So ging Noah heraus mit seinen Söhnen und mit seiner Frau und den Frauen seiner Söhne, dazu alles wilde Getier, alles Vieh, alle Vögel und alles Gewürm, das auf Erden kriecht; das ging aus der Arche, ein jedes mit seinesgleichen.

Noah aber baute dem HERRN einen Altar und nahm von allem reinen Vieh und von allen reinen Vögeln und opferte Brandopfer auf dem Altar. Und der HERR roch den lieblichen Geruch und sprach in seinem Herzen: Ich will hinfort nicht mehr die Erde verfluchen um der Menschen willen; denn das Dichten und Trachten des menschlichen Herzens ist böse von Jugend auf. Und ich will hinfort nicht mehr schlagen alles, was da lebt, wie ich getan habe. Solange die Erde steht, soll nicht aufhören Saat und Ernte, Frost und Hitze, Sommer und Winter, Tag und Nacht.

HILDE DOMIN

Abzählen der Regentropfenschnur

Ich zähle die Regentropfen an den Zweigen,
sie glänzen, aber sie fallen nicht,
schimmernde Schnüre von Tropfen
an den kahlen Zweigen.
Die Wiese sieht mich an
mit großen Augen aus Wasser.
Die goldgrünen Weidenkätzchen
haben ein triefendes Fell.
Keine Biene besucht sie.
Ich will sie einladen
sich an meinem Ofen zu trocknen.

Ich sitze auf einem Berg
und habe alles,
das Dach und die Wände,
das Bett und den Tisch,
den heißen Regen im Badezimmer
und den Ofen mit löwenfarbener Mähne,
der atmet wie ein Tier

oder ein Mitmensch.
Und die Postfrau
die den Brief bringen wurde
auf meinen Berg.

Aber die Weidenkätzchen
treten nicht ein
und der Brief kommt nicht,
denn die Regentropfen
wollen sich nicht zählen lassen.

H. C. ARTMANN

ein verregneter samstag

ein verregneter samstag
mit kuchen und sekt
und drei orchideen,
o ja, das schmeckt!

elektrische wärme
und ein grammophon,
ein tango zum träumen –
man mag das schon!

von blaßroten lippen
drei wörter mit chic
verändern das wetter
im augenblick …

THEODOR STORM
»Das bedeutet Glück!«

Dann wandte sie sich und ging unter den fallenden Tropfen über den Rasen dahin. Dabei hub sie an zu singen; das klang süß und eintönig; und als die schöne Gestalt zwischen den Bäumen verschwunden war, da wußte Maren nicht, hörte sie noch immer aus der Ferne den Gesang, oder war es nur das Rauschen des niederfallenden Regens.

Eine Weile noch blieb das Mädchen stehen; dann wie in plötzlicher Sehnsucht streckte sie die Arme aus. »Lebt wohl, schöne, liebe Regentrude, lebt wohl!« rief sie. – Aber keine Antwort kam zurück; sie erkannte es nun deutlich, es war nur noch der Regen, der herniederrauschte.

Als sie hierauf langsam dem Eingange des Gartens zuschritt, sah sie den jungen Bauer hoch aufgerichtet unter den Bäumen stehen. – »Wonach schaust du denn so?« fragte sie, als sie näher gekommen war.

»Alle Tausend! Maren«, rief Andrees, »was war denn das für ein sauber' Weibsbild?«

Das Mädchen aber ergriff den Arm des Burschen und drehte ihn mit einem derben Ruck herum. »Guck dir nur nicht die Augen aus!« sagte sie, »das ist keine für dich; das war die Regentrude!«

Andrees lachte. »Nun, Maren«, erwiderte er, »daß du sie richtig aufgeweckt hattest, das hab' ich hier schon merken können; denn so naß, mein' ich, ist der Regen noch nimmer gewesen, und so etwas von Grünwerden hab' ich auch all' mein Lebtag' noch nicht gesehen! – Aber nun komm! Wir wollen heim, und dein Vater soll uns sein Wort einlösen.«

Unten am Weidendamm fanden sie den Nachen und stiegen ein. Das ganze weite Tiefland war schon überflutet; auf dem Wasser und in der Luft lebte es von aller Art Gevögel; die schlanken Seeschwalben schossen schreiend über ihnen hin und tauchten die Spitzen ihrer Flügel in die Flut, während die Silbermöwe majestätisch neben ihrem fortschießenden Kahn dahinschwamm; auf den grünen Inselchen, an denen sie hier und dort vorbeikamen, sahen sie die Bruushähne mit den goldenen Kragen ihre Kampfspiele halten.

So glitten sie rasch dahin. Noch immer fiel der Regen, sanft doch unablässig. Jetzt aber verengte sich das Wasser und bald war es nur noch ein mäßig breiter Bach.

Andrees hatte schon eine Zeit lang mit der Hand über den Augen in die Ferne geblickt. »Sieh doch, Maren«, rief er, »ist das nicht meine Roggenkoppel?«

»Freilich, Andrees; und prächtig grün ist sie geworden! Aber siehst du denn nicht, daß es unser Dorfbach ist, auf dem wir fahren?«

»Richtig, Maren; aber was ist denn das dort? Das ist ja alles überflutet!«

»Ach, du lieber Gott!« rief Maren, »das sind ja meines Vaters Wiesen! Sieh nur, das schöne Heu, es schwimmt ja alles!«

Andrees drückte dem Mädchen die Hand. »Laß nur, Maren!« sagte er, »der Preis ist, denk' ich, nicht zu hoch, und meine Felder tragen ja nun um desto besser.«

Bei der Dorflinde legte der Nachen an. Sie traten an's Ufer und bald gingen sie Hand in Hand die Straße hinab. Da wurde ihnen von allen Seiten freundlich zugenickt; denn Mutter Stine mochte in ihrer Abwesenheit doch ein wenig geplaudert haben.

»Es regnet!« riefen die Kinder, die unter den Tropfen durch über die Straße liefen. »Es regnet!« sagte der Vetter Schulze, der behaglich aus seinem offenen Fenster schaute und den beiden mit kräftigem Drucke die Hand schüttelte. »Ja, ja, es regnet!« sagte auch der Wiesenbauer, der wieder mit der Meerschaumpfeife in der Torfahrt seines stattlichen Hauses stand, »und du, Maren, hast mich heute Morgen wacker angelogen. Aber kommt nur herein, ihr beiden! Der Andrees, wie der Vetter Schulze sagt, ist allewege ein guter Bursch, seine Ernte wird heuer auch noch gut, und wenn es etwan wieder drei Jahre Regen geben sollte, so ist es am Ende doch so übel nicht, wenn Höhen und Tiefen beieinander kommen. Drum geht hinüber zu Mutter Stine, da wollen wir die Sache allfort in Richtigkeit bringen!«

Mehrere Wochen waren seitdem vergangen. Der Regen hatte längst wieder aufgehört und die letzten schweren Erntewagen waren mit Kränzen und flatternden Bändern in die Scheuern eingefahren; da schritt im schönsten Sonnenschein ein großer Hochzeitszug der Kirche zu. Maren und Andrees waren die Brautleute; hinter ihnen gingen Hand in Hand Mutter Stine und der Wiesenbauer. Als sie fast bei der Kirchtür angelangt waren, daß sie schon den Choral vernahmen, den drinnen zu ihrem Empfang der alte Kantor auf der Orgel spielte, zog plötzlich ein weißes Wölkchen über ihnen am blauen Himmel auf und ein paar leichte Regentropfen fielen der Braut in ihren Kranz. – »Das bedeutet Glück!« riefen die Leute, die auf dem Kirchhof standen. »Das war die Regentrude!« flüsterten Braut und Bräutigam und drückten sich die Hände.

Dann trat der Zug in die Kirche; die Sonne schien wieder, die Orgel aber schwieg, und der Priester verrichtete sein Werk.

E. E. CUMMINGS

dort wohin ich niemals reiste

dort wohin ich niemals reiste, freudig jenseits
aller erfahrung, lebt deiner augen stille:
deine zarteste regung enthält dinge, die mich
                        umfangen
oder welche ich nicht zu fassen vermag weil
                    sie zu nah sind

es entfaltet ein blick mich aus deinen augen
obgleich ich mich wie finger festgefaltet,
löst du mich stets blatt auf blatt, wie frühling
(kunstvoll und heimlich) die erste rosenblüte

wünschest du aber mich einzufalten, so
                 verschließt sich
alsbald mit mir mein leben, anmutig und rasch,
als erträumte der kelch dieser blume
des schneefalls bedächtiges niedersinken;

nirgends auf dieser welt finden wir je
deinesgleichen an zart-eindringlicher macht,
deren gewebe mich mit seinen farbflächen
                                    bezwingt
und ergibt tod und immerdar mit jedem atem

(ich weiß nicht was es ist, das sich an dir schließt
und öffnet; ein etwas aber hat in mir erkannt,
dass deiner augen stimme tiefer ist als alle rosen)
niemand, auch nicht der regen, hat solch
                            kleine hand

THOMAS BERNHARD
Unbrauchbar

In Kilb hatten diese *künstlerischen Menschen* einen grotesken Eindruck gemacht, wenigstens auf mich wirkten sie wie von ihren *künstlerischen Vorhaben* und von ihrer *künstlerischen Tätigkeit* verunstaltet, sie hatten einen *künstlichen Gang*, und sie hatten eine *künstliche Stimme, alles* an ihnen war *künstlich*, während ich den Friedhof als das Natürlichste von der Welt empfunden habe. Beugten sie sich vor, beugten sie sich *zu weit* vor, standen sie auf, standen sie *zu früh* (oder *zu spät*) auf, setzten sie sich nieder, setzten sie sich *zu spät* (oder zu früh) nieder, fingen sie an, zu singen, sangen sie zu früh (oder zu spät), nahmen sie ihre Kopfbedeckungen vom Kopf, nahmen sie sie zu früh (oder zu spät) vom Kopf, hatten sie etwas zum Pfarrer gesagt, hatten sie es zu früh (oder zu spät) gesagt. Während die Kilber Bevölkerung, die, wie gesagt wird, *sehr zahlreich* zum Begräbnis der Joana gekommen war, alles natürlich gemacht hat, alles natürlich gesagt hat, alles natürlich gesungen hat, immer natürlich gegangen ist und natürlich aufgestanden und sich natürlich hingesetzt hat und immer alles weder zu spät, noch zu früh, noch zu kurz, noch zu lang. Und während die künstlerischen Leute aus Wien auf die grotesk-lächerliche Weise zu diesem Begräbnis angezogen waren, war die Kilber Bevölkerung ganz und gar richtig dazu angezogen, dachte ich auf dem Ohrensessel. Die Kilber Bevölkerung paßte nach Kilb und auf den Kilber Friedhof, die Künstlerischen aus Wien paßten nicht nach Kilb und nicht auf den Kilber Friedhof. Das Städtische der Trauergäste aus Wien paßte nicht auf den Kilber Friedhof, hatte ich, noch während ich selbst in dem langen Trauerzug mitgegangen war, gedacht. Jeder einzelne dieser Trauergäste aus Wien ist in Kilb ein Fremdkörper, hatte ich gedacht, wie ich hinter dem Sarg her gegangen bin, zwischen der Gemischtwarenhändlerin und dem unglücklichen Lebensgefährten der Joana, der auf der ganzen Strecke von der Kirche auf den Friedhof, die sicher zwei Kilometer lang ist, so gehustet hat, als wäre er lungenkrank. Die Tatsache, daß der neben mir gehende Lebensgefährte der Joana lungenkrank sein könne, irritierte mich und ich hielt jedesmal, wenn er hustete, den Atem an, um mich nicht anzustecken, bis ich plötzlich dachte, daß ich ja selbst lungenkrank bin und wahrscheinlich viel lungenkranker als der Lebensgefährte der Joana und aufeinmal noch mehr hustete, als der neben mir gehende Lebensgefährte der Joana, der, sobald ich zu husten angefangen hatte, mit seinem Husten aufhörte und so tat, als hätte er begriffen, daß ich lungenkrank sei und daß ich ihn anstecken könne, denn er hielt sich, sobald ich jetzt zu husten angefangen hatte, ein Papiertaschentuch vor die Nase und ging mit von mir abgewandtem Gesicht. Die Gemischtwarenhändlerin hatte einen grauen Wetterfleck an, das war das vernünftigste Kleidungsstück, das ich auf dem Begräbnis gesehen habe, dachte ich auf dem Ohrensessel. Die Kilber hatten aber alle vernünftige Kleidungsstücke angehabt, nur die Leute aus Wien nicht, sie sind auch alle naß geworden und die, die in Pelzmänteln gekommen waren, weil sie glaubten, es sei kalt, während es doch ziemlich warm gewesen

war, hatten sich nicht nur durch ihre auftrump-
fenden Pelzmäntel grotesk und lächerlich, sondern auch gleich durch den Regen schmierig gemacht; auf allen ihren Pelzmänteln hatte sich bald
eine schmutzige Sauce gebildet, die an ihnen her-
unterrann. Ihre aufgespannten Regenschirme waren bald von einem Windstoß, der schon gleich,
wie der Trauerzug am Friedhof angekommen war,
aus dem Gebirge über die Gräber gestoßen war,
umgestülpt, zerbrochen und unbrauchbar gemacht.

RAINER MARIA RILKE
Regenbogen

Aus geducktem Wetterunterstand
in die freien Klärungen zu dringen:
Land war klar wie klare Flüssigkeit;
jeder Hof fing an, sich zu besingen,
so als wäre größestes Vollbringen
heimlich in geringen Dienst gereiht.

Und dann wandten wir uns: siehe: vor
Regenprunk verbrauchter Finsternisse
mit der Flutung jener Himmelsrisse
hingebognes Augentor.
Drunter klarer noch das linke Land:
ernst, in einem Vorgefühl von Abend,
mundhaft schweigend, tief getrunken habend,
und mit starken Blumen zugewandt.

ROR WOLF

Wetterverhältnisse

es schneit, dann fällt der regen nieder,
dann schneit es, regnet es und schneit,
dann regnet es die ganze zeit,
es regnet und dann schneit es wieder.

CEES NOOTEBOOM
Roter Regen

Eine der Eigentümlichkeiten des Altwerdens besteht darin, daß fast alles eine Erinnerung wachruft. Offenbar hat man ein umfangreiches Bezugssystem aufgebaut, in dem alles mit allem verbunden ist. Alles mit allem, nicht gerade ein Ausdruck, den ich besonders schätze, aber er trifft die Sache. Es ist Sommer auf meiner Insel, die Luftfeuchtigkeit ist hoch, doch der Wind, der vom Meer kommt, dörrt unbarmherzig aus. Es hat schon seit Wochen nicht mehr geregnet. Joan, der Postbote, späht mit mir zu den grauen Wolken hinauf. Wird es regnen, oder wird es nicht regnen?

Das kann er auch nicht sagen, aber wenn es regnet, gibt es *barro*, und ich weiß, was das bedeutet: rötlichen Sand aus der Sahara, der von den Regentropfen mitgebracht wird, so daß die mediterran weiß verputzten Mauern des Hauses am nächsten Morgen aussehen, als hätten sie leicht geblutet.

Frühlingsregen fällt,
und alles, was da grünt, hat
plötzlich seinen Namen.

ANTON TSCHECHOW

Stachelbeeren

Bereits seit dem frühen Morgen bedeckten Regenwolken den Himmel; es war still, nicht besonders heiß und eintönig, wie es an grauen, trüben Tagen ist, wenn über dem Feld schon lange Wolken hängen und man auf Regen wartet, der aber nicht kommt. Der Tierarzt Iwan Iwanytsch und der Gymnasiallehrer Burkin waren vom Gehen bereits erschöpft, und die Ebene erschien ihnen endlos. Weit vorne waren die Windmühlen des Dorfs Mironossizkoje gerade noch zu erkennen, rechts zog sich eine Hügelkette hin und verschwand dann weit hinter dem Dorf, und beide wußten, daß dort das Flußufer war, wo es eine Wiese, grüne Weidenbäume und Höfe gab, und wenn man auf einem der Hügel stand, dann sah man von dort eine ebenso unermeßliche Ebene, Telegrafenmasten und den Zug, der von ferne einer Raupe glich, und bei klarem Wetter konnte man von dort sogar die Stadt sehen. Jetzt, bei ruhigem Wetter, bei dem die ganze Natur sanft und nachdenklich erschien, waren Iwan Iwanytsch und Burkin durchdrungen von Liebe zu dieser Ebene, und beide dachten, wie großartig, wie wunderbar dieses Land sei.

»Das letzte Mal, als wir beim Starost Prokofi in der Scheune waren«, sagte Burkin, »wollten Sie irgendeine Geschichte erzählen.«

»Ja, ich wollte damals von meinem Bruder erzählen.«

Iwan Iwanytsch seufzte tief und zündete seine Pfeife an, um mit dem Erzählen zu beginnen, aber gerade in diesem Moment begann es zu regnen. Fünf Minuten später goß es schon in Strömen, und es war schwer abzusehen, wann dieser Landregen aufhören würde. Iwan Iwanytsch und Burkin blieben stehen und überlegten; die Hunde, schon naß, standen mit eingezogenem Schwanz da und schauten sie treuherzig an.

»Wir müssen uns irgendwo unterstellen«, sagte Burkin. »Gehen wir zu Aljochin. Das ist hier in der Nähe.«

»Gehen wir.«

Sie bogen zur Seite ab und gingen über ein gemähtes Feld, erst geradeaus, dann etwas nach rechts, bis sie zur Straße kamen. Bald zeigten sich Pappeln, ein Garten, die roten Dächer von Speichern; der Fluß blitzte auf, und es öffnete sich der Blick auf einen breiten von einem Wehr gestauten Teich mit einer Mühle und einem weißen Badehaus. Das war Sofino, wo Aljochin lebte.

Die Mühle war in Betrieb und übertönte den Lärm des Regens; das Wehr bebte. Dort standen neben Bauernwagen nasse Pferde mit hängenden Köpfen, und Leute, die sich Säcke übergezogen hatten, gingen hin und her. Es war feucht, schlammig, ungemütlich, und der Wehrteich sah kalt und unfreundlich aus. Iwan Iwanytsch und Burkin spürten schon am ganzen Körper das Gefühl von Feuchtigkeit, Dreck und Unbehagen, ihre Füße waren schwer vom Schlamm, und als sie das Wehr überquert hatten und zu den herrschaftlichen Speichern hinaufgingen, da schwiegen sie, als seien sie böse aufeinander.

In einem der Speicher lärmte die Worfelmaschine; die Tür stand offen, und Staub flog hinaus.

Auf der Schwelle stand Aljochin, ein Mann von ungefähr vierzig Jahren, groß, dick, mit langen Haaren, der eher wie ein Professor oder Künstler als wie ein Gutsbesitzer aussah. Er trug ein weißes, lange nicht gewaschenes Hemd mit einer Schnur als Gürtel, statt Hosen Unterhosen, und an seinen Stiefeln klebten Schlamm und Stroh. Seine Nase und seine Augen waren schwarz von Staub. Er erkannte Iwan Iwanytsch und Burkin und freute sich offensichtlich sehr.

»Bemühen Sie sich doch bitte ins Haus, meine Herren«, sagte er lächelnd. »Ich komme gleich, einen Augenblick.«

Das Haus war groß, zweistöckig. Aljochin lebte unten, in zwei Zimmern mit gewölbter Decke und kleinen Fenstern, wo früher die Gutsverwalter gewohnt hatten; die Einrichtung hier war einfach, und es roch nach Roggenbrot, billigem Wodka und Sattelzeug. Oben aber, in den guten Zimmern, war er selten, nur wenn Gäste kamen. Im Haus wurden Iwan Iwanytsch und Burkin vom Stubenmädchen begrüßt, einer jungen Frau, die so schön war, daß die beiden gleichzeitig stehenblieben und einander ansahen.

»Sie können sich gar nicht vorstellen, wie ich mich freue, Sie zu sehen, meine Herren«, sagte Aljochin, als er hinter ihnen in die Diele trat. »Welch eine Überraschung! Pelageja«, wandte er sich an das Stubenmädchen, »geben Sie den Gästen etwas zum Umziehen. Apropos, ich werde mich auch umziehen. Nur muß ich mich erst waschen gehen, denn ich habe mich wohl seit dem Frühjahr nicht mehr gewaschen. Hätten Sie nicht Lust, meine Herren, mit ins Badehaus zu kommen, während hier unterdessen alles gerichtet wird?«

Die schöne Pelageja, so zart und dem Aussehen nach so sanft, brachte Laken und Seife, und Aljochin ging mit den Gästen ins Badehaus.

»Ja, ich habe mich schon lange nicht mehr gewaschen«, sagte er, als er sich auszog. »Wie Sie sehen, habe ich ein schönes Badehaus, mein Vater hat es noch gebaut, aber irgendwie komme ich nie zum Waschen.«

Er setzte sich auf die Stufe und seifte seine langen Haare und seinen Hals ein, und das Wasser um ihn herum wurde braun.

»Ja, ich muß schon sagen …«, meinte Iwan Iwanytsch und blickte vielsagend auf Aljochins Kopf.

»Ich habe mich schon lange nicht mehr gewaschen …«, wiederholte Aljochin verlegen und seifte sich noch einmal ein, und das Wasser um ihn wurde dunkelblau wie Tinte.

Iwan Iwanytsch ging nach draußen, stürzte sich mit viel Lärm ins Wasser und schwamm im Regen umher, wobei er weit mit den Armen ausholte und Wellen machte, und auf den Wellen schaukelten weiße Seerosen. Er schwamm ganz bis zur Mitte des aufgestauten Teichs und tauchte, und nach einer Minute kam er an einer anderen Stelle wieder nach oben und schwamm weiter; er tauchte immer wieder und versuchte den Boden zu erreichen. »Ach, mein Gott …«, wiederholte er genüßlich. »Ach, mein Gott …« Er schwamm bis zur Mühle, unterhielt sich dort mit den Bauern über irgend etwas und kehrte um, und in der Mitte des Teiches legte er sich auf den Rücken und hielt sein Gesicht in den Regen. Burkin und Aljochin waren schon angezogen und wollten gehen, er aber schwamm und tauchte noch immer.

»Ach, mein Gott«, sagte er. »Ach, Herr erbarm dich.«

»Jetzt ist es aber genug!« rief Burkin ihm zu.

Sie gingen zurück ins Haus. Und erst, als oben im großen Salon die Lampen angezündet worden waren, als Burkin und Iwan Iwanytsch, die Schlafröcke aus Seide und warme Pantoffeln trugen, in Sesseln saßen und Aljochin selbst, gewaschen, gekämmt, in einem neuen Rock im Salon auf und ab ging und sichtlich das Gefühl der Wärme, der Sauberkeit, der trockenen Kleidung, der leichten Schuhe genoß und als die schöne Pelageja, lautlos über den Teppich gehend und lächelnd, auf einem Tablett Tee mit Konfitüre gereicht hatte, erst da machte sich Iwan Iwanytsch an seine Erzählung, und es schien, als würden ihm nicht nur Burkin und Aljochin zuhören, sondern auch die alten und jungen Damen und Militärs, die ruhig und streng aus den goldenen Rahmen blickten.

»Wir sind zwei Brüder«, begann er, »ich, Iwan Iwanytsch, und der zweite − Nikolai Iwanytsch, zwei Jahre jünger. Ich wandte mich dem Studium zu, wurde Tierarzt, Nikolai aber saß schon von seinem neunzehnten Lebensjahr an im Steueramt des Gouvernements. Unser Vater Tschimscha-

Himalaiski war ein Bauernjunge, den man zum Militär eingezogen hatte, aber er hinterließ uns, nachdem er sich in den Offiziersrang hochgedient hatte, einen erblichen Adelstitel und einen kleinen Gutshof. Nach seinem Tod wurde uns der Gutshof vom Gericht wegen der Schulden wieder abgenommen, doch wie dem auch sei, unsere Kindheit verbrachten wir auf dem Land in voller Freiheit. Wir waren, ganz wie die Bauernjungen, Tag und Nacht auf dem Feld, im Wald, hüteten Pferde, schälten Bast, fingen Fische und dergleichen mehr … Und Sie wissen ja, wer auch nur einmal in seinem Leben einen Kaulbarsch gefangen und im Herbst die Drosseln hat wegfliegen sehen, wie sie an klaren, kalten Tagen in Schwärmen über das Dorf ziehen, der ist schon kein Stadtmensch mehr und den wird es bis zu seinem Tod in die Freiheit ziehen. Mein Bruder hatte Sehnsucht in seinem Gouvernementsteueramt. Die Jahre vergingen, und er saß immer auf demselben Platz, schrieb dieselben Schriftstücke und dachte an ein und dasselbe – wie er aufs Land kommen könnte. Und diese Sehnsucht nahm allmählich die Gestalt eines bestimmten Wunschs an, des Traums, sich irgendwo am Ufer eines Flusses oder Sees ein kleines Gut zu kaufen.

Er war ein guter, sanfter Mensch, ich liebte ihn, aber diesen Wunsch, sich für sein ganzes Leben auf einem eigenen Gut zu verschließen, konnte ich nicht verstehen. Man sagt allgemein, daß der Mensch nur drei Arschin Land braucht.[*] Aber diese drei Arschin braucht doch der Leichnam und nicht der Mensch. Und man sagt heute auch, daß es gut sei, wenn es unsere Intelligenz zu Grund und Boden zieht und sie nach einem Gut strebt. Aber diese Gutshöfe sind doch genau diese drei Arschin Land. Sich aus der Stadt, dem Kampf, dem Lärm des Alltags zurückzuziehen, sich zurückzuziehen und auf seinem Gut zu verstecken – das ist kein Leben, das ist Egoismus, Faulheit, das ist eine Art Mönchstum, aber ein Mönchstum ohne Heldenmut. Der Mensch braucht keine drei Arschin Land, kein Gut, sondern den ganzen Erd-

---

[*] Anspielung auf die Volkszählung »Wieviel Erde braucht der Mensch?« von Lew Tolstoi (1828-1910)

kreis, die ganze Natur, wo er alle Eigenarten und Besonderheiten seines freien Geistes uneinge-schränkt entwickeln kann.

Während mein Bruder in seiner Kanzlei saß, träumte er davon, wie er seine eigene Kohlsuppe essen würde, deren köstlicher Duft über den gan-zen Hof zöge, wie er auf dem grünen Gras essen, in der Sonne schlafen und stundenlang vor dem Tor auf einer Bank sitzen und auf Feld und Wald blicken würde. Landwirtschaftliche Bücher und all diese Bauernregeln in den Kalendern waren seine Freude, seine liebste geistige Nahrung; er las gerne Zeitung, las aber nur die Anzeigen, in denen soundso viele Desjatinen Ackerland und Wiese mit einem Gutshaus, Fluß, Garten, Mühle und Fließwasserteichen zum Verkauf geboten wur-den. Er malte sich im Geiste die Wege im Garten aus, die Blumen, das Obst, die Starenkästen, die Karauschen in den Teichen und, Sie wissen schon, lauter solche Sachen. Diese Phantasiebilder unter-schieden sich je nach den Anzeigen, die ihm un-terkamen, aber aus irgendeinem Grund tauchten in jedem von ihnen unbedingt Stachelbeeren auf.

Er konnte sich kein einziges Gut, keinen einzigen idyllischen Winkel vorstellen, ohne daß es dort Stachelbeeren gab.

›Das Landleben hat seine Annehmlichkeiten‹, pflegte er zu sagen. ›Du sitzt auf dem Balkon, trinkst Tee, und im Teich schwimmen deine Entchen, es riecht so gut und … und die Stachelbeeren wachsen.‹

Er zeichnete den Plan seines Gutshofs, und jedesmal kam bei seinem Plan ein und dasselbe heraus: a) Herrenhaus, b) Gesindehaus, c) Obstgarten, d) Stachelbeeren. Er lebte äußerst sparsam: aß sich nicht satt, trank sich nicht satt, zog sich Gott weiß wie an, ganz wie ein Bettler, sparte alles und brachte es auf die Bank. Er war schrecklich geizig. Mir tat es weh, ihn anzusehen, und ich gab ihm ein wenig Geld und schickte ihm etwas zu den Festtagen, aber auch das steckte er weg. Wenn sich ein Mensch etwas in den Kopf gesetzt hat, dann ist da nichts mehr zu machen.

Die Jahre vergingen, er wurde in ein anderes Gouvernement versetzt, er war schon über vierzig, las aber immer noch die Anzeigen in den

Zeitungen und sparte. Dann höre ich, er habe geheiratet. Immer noch mit demselben Ziel, sich ein Gut mit Stachelbeeren zu kaufen, hatte er eine alte, häßliche Witwe geheiratet, ganz ohne Gefühl, und nur weil sie etwas auf der hohen Kante hatte. Auch mit ihr lebte er äußerst sparsam, ließ sie hungern und brachte ihr Geld unter seinem Namen auf die Bank. Davor war sie mit einem Postmeister verheiratet gewesen und hatte sich bei ihm an Torten und Fruchtliköre gewöhnt, bei ihrem zweiten Mann aber bekam sie nicht einmal genug Schwarzbrot zu sehen; bei solch einem Leben begann sie zu kränkeln, und nach etwa drei Jahren befahl sie plötzlich Gott ihre Seele. Natürlich glaubte mein Bruder keinen Augenblick, daß er an ihrem Tod schuld sei. Geld macht den Menschen seltsam, genau wie Wodka. In unserer Stadt starb ein Kaufmann. Vor seinem Tod befahl er, ihm einen Teller Honig zu geben, und schlang mit diesem Honig all sein Geld und all seine Wertpapiere hinunter, damit sie niemand bekäme. Einmal untersuchte ich auf dem Bahnhof die Viehherden, da geriet ein Pferdehändler unter die

Lokomotive, und ihm wurde ein Bein abgeschnitten. Wir tragen ihn in den Warteraum, das Blut fließt in Strömen – eine schreckliche Sache –, und er bittet ständig, man solle sein Bein suchen, und macht sich Sorgen; im Stiefel am abgeschnittenen Bein waren zwanzig Rubel, die sollten nicht verlorengehen.«

»Da sind Sie aber schon bei einer ganz anderen Geschichte«, sagte Burkin.

»Nach dem Tod seiner Frau«, fuhr Iwan Iwanytsch nach kurzem Nachdenken fort, »begann mein Bruder, sich nach einem Gutshof umzusehen. Natürlich macht man schließlich doch einen Fehler, selbst wenn man sich fünf Jahre lang umsieht, und kauft überhaupt nicht das, wovon man geträumt hat. Mein Bruder kaufte über einen Vermittler und unter Übernahme der Hypothek hundertundzwölf Desjatinen mit einem Herrenhaus, einem Gesindehaus, einem Park, aber ohne Obstgarten, ohne Stachelbeeren, ohne Teiche mit Entchen; es gab einen Fluß, aber sein Wasser hatte die Farbe von Kaffee, weil auf der einen Seite des Gutshofs eine Ziegelei stand und auf der anderen − eine Knochenbrennerei. Aber meinen Nikolai Iwanytsch betrübte das kaum; er bestellte sich zwanzig Stachelbeerbüsche, pflanzte sie und begann sein Leben als Gutsbesitzer.

Letztes Jahr bin ich zu ihm gefahren, um ihn zu besuchen. Fahr ich mal hin, denke ich, und schau mir an, wie es da so ist. In seinen Briefen nannte mein Bruder seinen Gutshof immer ›Tschumbaroklow- oder Himalaiski-Einöde‹. Ich kam nachmittags in der ›Himalaiski-Einöde‹ an. Es war heiß. Überall kleine Gräben, Bretterzäune, Flechtzäune, in Reihen gepflanzte Tannen − und du weißt nicht, wie du zum Hof durchkommen, wo du das Pferd hinstellen sollst. Ich gehe zum Haus, und ein rotbrauner, dicker Hund kommt mir entgegen, der aussieht wie ein Schwein. Er will bellen, ist aber zu faul. Aus der Küche kam die Köchin, barfuß, dick, auch sie sah wie ein Schwein aus und sagte, der Herr halte seinen Mittagsschlaf. Ich gehe zu meinem Bruder hinein, er sitzt auf dem Bett, seine Knie stecken unter einer Decke; er ist alt geworden, hat zugenommen und ist aufgedunsen; Backen, Nase und Lippen sind nach vorne gewölbt − und jeden Augenblick, so schien es, würde er anfangen in die Decke zu grunzen.

Wir umarmten uns und weinten vor Freude und vor Trauer darüber, daß wir einmal jung waren, jetzt aber beide grau geworden sind und es Zeit wird zu sterben. Er zog sich an und führte mich herum, um mir sein Gut zu zeigen.

›Na, wie geht es dir hier?‹ fragte ich.

›Alles in Ordnung, Gott sei Dank, mir geht es gut.‹

Das war nicht mehr der frühere schüchterne Bettelbeamte, sondern ein echter Gutsbesitzer, ein Herr. Er hatte sich hier längst eingelebt, eingewöhnt und war auf den Geschmack gekommen; er aß viel, wusch sich im Dampfbad, nahm zu, prozessierte bereits mit der Gemeinde und den beiden Fabriken und war tief gekränkt, wenn ihn die Bauern nicht mit ›Euer Hochwohlgeboren‹ anredeten. Für sein Seelenheil sorgte er gründlich, nach Herrenart, und vollbrachte gute Taten nicht einfach so, sondern mit Würde. Und was waren das für gute Taten? Er behandelte die Bauern bei allen Krankheiten mit Soda und Rizinusöl, und an seinem Namenstag ließ er im Dorf eine Dankandacht halten und stellte danach einen halben Eimer mit Wodka hin, weil er dachte, es müsse so sein. Ach, diese schrecklichen halben Eimer! Heute zerrt der dicke Gutsbesitzer die Bauern wegen Feldflurschaden vor den Semstwo-Vorsitzenden, und morgen, am Feiertag, stellt er ihnen einen halben Eimer hin, und sie trinken und rufen ›Hurra‹, und die Betrunkenen verneigen sich vor ihm bis zum Boden. Eine Veränderung des Lebens zum Besseren, Sattheit und Untätigkeit führen beim russischen Menschen zu Dünkel, dem allerdreistesten. Nikolai Iwanytsch, der früher im Gouvernementsteueramt sogar Angst gehabt hatte, allein vor sich selbst eigene Ansichten zu haben, verkündete jetzt nur noch Wahrheiten, und das in einem Ton wie ein Minister: ›Bildung ist notwendig, für das Volk aber ist sie verfrüht‹, ›Die Prügelstrafe ist allgemein schädlich, aber in einigen Fällen ist sie nützlich und unentbehrlich‹.

›Ich kenne das Volk und kann mit ihm umgehen‹, sagte er. ›Das Volk liebt mich. Ich brauche nur den kleinen Finger zu rühren, und das Volk macht für mich alles, was ich will.‹

Und all das, wohlgemerkt, mit einem klugen, wohlwollenden Lächeln. An die zwanzig Mal wiederholte er: ›Wir Adlige‹, ›Ich, als Adliger‹; offenbar hatte er längst vergessen, daß unser Großvater ein Bauer war und unser Vater – ein Soldat. Sogar unser Familienname Tschimscha-Himalaiski, der im Grunde unsinnig ist, erschien ihm jetzt wohlklingend, edel und angenehm.

Aber es geht nicht um ihn, sondern um mich selbst. Ich möchte Ihnen erzählen, welche Veränderung in mir während der wenigen Stunden, die ich auf seinem Gut verbrachte, vorging. Abends, als wir Tee tranken, stellte die Köchin einen vollen Teller mit Stachelbeeren auf den Tisch. Das waren keine gekauften, sondern selbstgezogene Stachelbeeren, die erste Ernte, seit die Sträucher gepflanzt worden waren. Nikolai Iwanytsch lachte und schaute lange auf die Stachelbeeren, schweigend, mit Tränen – vor Erregung konnte er nicht sprechen –, dann steckte er sich eine Beere in den Mund, schaute mich triumphierend an wie ein Kind, das endlich sein Lieblingsspielzeug bekommen hat, und sagte:

›Wie köstlich!‹

Und er aß gierig und wiederholte immer wieder:

›Ach, wie köstlich! Probier auch mal!‹

Sie waren hart und sauer, aber wie Puschkin sagte: ›Teurer als die Masse der Wahrheiten ist uns der uns erhebende Wahn.‹* Ich sah einen glücklichen Menschen vor mir, dessen sehnlichster Wunsch sich ganz offensichtlich erfüllt hatte, der das Ziel seines Lebens erreicht, der bekommen hatte, was er wollte, der mit seinem Schicksal und mit sich selbst zufrieden war. In meine Gedanken über das menschliche Glück hatte sich aus irgendeinem Grund schon immer etwas Trauriges gemischt, jetzt aber, beim Anblick eines glücklichen Menschen, ergriff mich ein bedrückendes Gefühl, das an Verzweiflung grenzte. Besonders schlimm war es in der Nacht. Mir wurde das Bett im Zim-

---

* Zitat aus dem Gedicht »Der Held« von Alexander Puschkin (1799-1837)

mer neben dem Schlafzimmer meines Bruders hergerichtet, und ich konnte hören, daß er nicht schlief und immer wieder aufstand, zum Teller mit den Stachelbeeren ging und sich eine Beere nahm. Ich überlegte: Wie viele zufriedene und glückliche Menschen gibt es doch im Grunde! Was für eine erdrückende Kraft das ist! Schauen Sie sich dieses Leben an: Unverschämtheit und Müßiggang der Starken, Unwissenheit und viehische Lebensweise der Schwachen, ringsum unmögliche Armut, Enge, Degeneration, Trunksucht, Heuchelei und Lüge … Unterdessen herrscht in allen Häusern, auf allen Straßen Stille, Ruhe; unter den fünfzigtausend Einwohnern der Stadt ist keiner, der aufschreien, sich laut empören würde. Wir sehen die, die auf den Markt gehen, um Lebensmittel zu kaufen, tagsüber essen, nachts schlafen, die ihren Unsinn erzählen, heiraten, alt werden, unbekümmert ihre Toten auf den Friedhof schleppen; die aber, die leiden, sehen und hören wir nicht, und was im Leben schrecklich ist, geschieht irgendwo hinter den Kulissen. Alles ist still, ruhig, und allein die stumme Statistik protestiert: Soundso viele haben den Verstand verloren, soundso viele Eimer Wodka wurden getrunken, soundso viele Kinder sind an Unterernährung gestorben … Und diese Ordnung ist offenbar notwendig; offenbar fühlt sich der Glückliche nur deshalb wohl, weil die Unglücklichen ihre Last schweigend tragen, und ohne dieses Schweigen wäre das Glück nicht möglich. Das ist eine allgemeine Hypnose. Vor der Tür eines jeden zufriedenen, glücklichen Menschen müßte jemand mit einem Hämmerchen stehen und ihn ständig durch Klopfen daran erinnern, daß es Unglückliche gibt, daß ihm das Leben, so glücklich er auch sein mag, früher oder später seine Krallen zeigen, daß ein Unglück geschehen wird – eine Krankheit, Armut, Verluste – und daß ihn dann niemand sehen und hören wird, so wie er jetzt die andern nicht sieht und nicht hört. Aber den Mensch mit dem Hämmerchen gibt es nicht, der Glückliche lebt vor sich hin, die kleinen alltäglichen Sorgen bewegen ihn nur leicht wie der Wind die Espe – und alles steht zum besten.

In dieser Nacht wurde mir klar, daß auch ich

zufrieden und glücklich war«, fuhr Iwan Iwanytsch fort und stand auf. »Beim Essen und auf
der Jagd belehrte auch ich die anderen, wie man
leben, glauben, das Volk lenken sollte. Auch ich
sagte, daß Lernen Licht, daß Bildung notwendig
sei, für die einfachen Leute aber vorerst Lesen
und Schreiben ausreichten. Die Freiheit sei ein
hohes Gut, sagte ich, ohne sie könne man nicht
leben, genausowenig wie ohne Luft, aber man
müsse noch warten. Ja, das habe ich gesagt, jetzt
aber frage ich: Weswegen warten?« fragte Iwan
Iwanytsch und schaute Burkin wütend an. »Weswegen warten, frage ich Sie? Aufgrund welcher
Überlegungen? Man sagt mir, daß nicht alles auf
einmal möglich sei, daß jede Idee sich allmählich
verwirkliche, zu ihrer Zeit. Aber wer sagt das? Wo
sind die Beweise, daß das stimmt? Sie verweisen
auf die natürliche Ordnung der Dinge, auf die
Gesetzmäßigkeit der Erscheinungen, aber hat es
denn mit Ordnung und Gesetzmäßigkeit zu tun,
wenn ich, ein lebendiger und denkender Mensch,
an einem Graben stehe und warte, bis er von selber zuwächst oder vom Schlamm zugeschüttet

wird, während ich vielleicht hinüberspringen oder eine Brücke über ihn bauen könnte? Und noch einmal: Weswegen warten? Warten, wenn die Kraft zum Leben fehlt und man dennoch leben muß und leben will!

Ich fuhr damals frühmorgens von meinem Bruder fort, und seitdem ist es für mich unerträglich, in der Stadt zu sein. Mich bedrücken die Stille und Ruhe, ich fürchte mich, in die Fenster zu sehen, für mich gibt es jetzt keinen unangenehmeren Anblick als eine glückliche Familie, die um den Tisch sitzt und Tee trinkt. Ich bin schon alt und tauge nicht mehr für den Kampf, ich bin nicht einmal fähig zu hassen. Ich gräme mich nur in der Seele, rege mich auf, ärgere mich, in den Nächten brennt mir der Kopf vom Ansturm der Gedanken, und ich kann nicht schlafen … Ach, wenn ich nur jung wäre!«

Iwan Iwanytsch ging erregt von einer Ecke zur anderen und wiederholte:

»Wenn ich nur jung wäre!«

Plötzlich trat er zu Aljochin und drückte ihm bald die eine, bald die andere Hand.

»Pawel Konstantinytsch«, sprach er mit flehender Stimme, »geben Sie sich nicht zufrieden, lassen Sie sich nicht einschläfern! Werden Sie nicht müde, Gutes zu tun, solange Sie jung, stark und munter sind. Es gibt kein Glück und darf auch keines geben, und wenn das Leben einen Sinn und ein Ziel hat, dann liegen dieser Sinn und dieses Ziel mitnichten in unserem Glück, sondern in etwas Vernünftigerem und Größerem. Tun Sie Gutes!«

Und all das sagte Iwan Iwanytsch mit einem hilflosen, bittenden Lächeln, als würde er für sich selbst bitten.

Danach saßen alle drei in ihren Sesseln, in unterschiedlichen Ecken des Salons, und schwiegen. Iwan Iwanytschs Erzählung hatte weder Burkin noch Aljochin befriedigt. Während aus den goldenen Rahmen Generäle und Damen blickten, die in der Dämmerung lebendig zu sein schienen, langweilte es sie, eine Geschichte von einem Bettelbeamten zu hören, der Stachelbeeren aß. Sie wollten lieber von eleganten Menschen, von Frauen sprechen und hören. Und allein die Tatsache, daß sie in diesem Salon saßen, in dem alles – der Kronleuchter in seiner Hülle, die Sessel, die Teppiche unter ihren Füßen – davon sprach, daß einst dieselben Leute hier umhergingen, saßen und Tee tranken, die jetzt aus den Rahmen blickten, und daß jetzt hier die schöne Pelageja lautlos umherging – das war besser als jede Erzählung.

Aljochin wäre sehr gerne schlafen gegangen; er war wegen der Wirtschaft früh aufgestanden, zur dritten Morgenstunde, und jetzt fielen ihm die Augen zu, aber er fürchtete, die Gäste könnten in seiner Abwesenheit etwas Interessantes erzählen, und so ging er nicht. Ob das, was Iwan Iwanytsch gerade gesagt hatte, klug oder richtig war, durchschaute er nicht; seine Gäste sprachen nicht über Grütze, Heu oder Teer, sondern über etwas, das keinen direkten Bezug zu seinem Leben hatte. Er freute sich darüber und wünschte, daß sie damit fortführen …

»Jetzt ist es aber Zeit zum Schlafen«, sagte Burkin und erhob sich. »Gestatten Sie, Ihnen eine gute Nacht zu wünschen.«

Aljochin verabschiedete sich und ging in seine

Zimmer hinunter, während die Gäste oben blieben. Man hatte den beiden für die Nacht ein großes Zimmer gegeben, in dem zwei alte, mit Schnitzereien verzierte Holzbetten standen und in der Ecke ein Kruzifix aus Elfenbein hing; ihre breiten, kühlen Betten, die die schöne Pelageja bezogen hatte, rochen angenehm nach frischer Wäsche.

Iwan Iwanytsch zog sich schweigend aus und legte sich hin.

»Herr, vergib uns Sündern!« sprach er und zog sich die Decke über den Kopf.

Von seiner Pfeife, die auf dem Tisch lag, ging ein starker Geruch nach verbranntem Tabak aus, und Burkin konnte lange nicht schlafen und nicht begreifen, woher dieser unangenehme Geruch kam.

Die ganze Nacht über schlug der Regen gegen das Fenster.

W. C. WILLIAMS

Der rote Handkarren

so viel hängt ab
von

einem roten Hand-
karren

glasiert vom Regen
naß

bei den weißen
Hühnern.

BERTOLT BRECHT

Vor der Sintflut
Betrachtungen bei Regen

Meine Großmutter sagte oft, wenn es längere Zeit regnete: »Heute regnet es. Ob es je wieder aufhört? Das ist doch ganz fraglich. In der Zeit der Sintflut hat es auch nicht mehr aufgehört.« Meine Großmutter sagte immer: »Was einmal war, das kann wieder sein – und: was nie war.« Sie war vierundsiebzig Jahre alt und ungeheuer unlogisch.

Damals sind alle in die Arche gegangen, sämtliche Tiere einträchtig. Das war die einzige Zeit, wo die Geschöpfe der Erde einträchtig waren. Es sind wirklich alle gekommen. Aber der Ichthyosaurus ist nicht gekommen. Man sagte ihm allgemein, er solle einsteigen, aber er hatte keine Zeit an diesen Tagen. Noah selber machte ihn darauf aufmerksam, daß die Flut kommen würde. Aber er sagte ruhig: »Ich glaub's nicht.« Er war allgemein unbeliebt, als er ersoff.

»Ja, ja«, sagten alle, als Noah schon die Lampe

in der Arche anzündete und sagte: »Es regnet immer noch«, »ja, ja, der Ichthyosaurus, der kommt nicht.« Dieses Tier war das älteste unter allen Tieren und auf Grund seiner großen Erfahrung durchaus imstande auszusagen, ob so etwas wie eine Sintflut möglich sei oder nicht.

Es ist leicht möglich, daß ich selber einmal in einem ähnlichen Fall auch nicht einsteige. Ich glaube, daß der Ichthyosaurus an dem Abend und in der hereinbrechenden Nacht seines Untergangs die Durchstecherei und Schiebung der Vorsehung und die unsägliche Dummheit der irdischen Geschöpfe durchschaut hat, als er erkannte, wie nötig sie waren.

ROSE AUSLÄNDER
Im Regen

Unter Kastanien im Park
sitz ich im Regen
er küßt die Blumen

Tanzt auf meinem Schirm
ich bleibe

Ich liebe die Kühle
des Sommers
den Kastanienschutz
die spielende Fontäne
des Regens Trauerlied

Sein Silberherz schlägt
an mein Herz

PETER HANDKE
Ein ganz eigenes Vergnügen

An den Versuch über den Stillen Ort habe ich mich in einer ziemlich menschenleeren Gegend in Frankreich gemacht, irgendwo zwischen der Île-de-France, mit Paris inmitten, und der Normandie, in einem Zwischenbereich, fast gleich weit entfernt von der Metropole und dem Meer. Das Aufschreiben fiel in die Periode, von der es heißt, sie sei die dunkelste des Jahres, von der zweiten Woche im Dezember bis zum einunddreißigsten Dezember zweitausendundelf, was bedeutet: heute. Vor und nach dem Tun bin ich tagaus tagein durch die entlaubten Wälder, die abgeernteten meilenweiten Felder – das Land war einst die Kornkammer für den Königshof – und diejenigen der Landstraßen gestreift, welche kaum befahren waren. Wahr: Es wurde immer bald dunkel, und selbst tagsüber waren die welligen Weiten durchwirkt von einem tiefdüsteren Licht. Aber sooft, wenn auch nur für eine Stunde, die Sonne schien, konnte ich mir kaum ein herzhafteres Schimmern vorstellen als dieses fast horizontal einfallende Dezemberlicht, kein umfassenderes, belebenderes Grünen und Blauen, kein innigeres Glänzen als jenes der Grasmittelstreifen auf den Feldwegen. »Ein bißchen Sonne«, wie die Wetterprognosen im »Parisien«, der einzig zugänglichen Tageszeitung, das grämlich ausdrückten, das gab es nicht: Ein jeder Moment Sonne war viel. Und daß von früh bis spät nichts als Wolken den »Horizont« bildeten, dafür wurden die Landbewohner von dem Hauptstadtjournal bedauert.

Der chronische Regen, welcher ihr jedesmal folgte, verwandelte Wege wie Äcker und Weideland zwar in Schlammflächen, aber mit Gummistiefeln schnurstracks durch die kniehohen Lachen zu waten, oder querfeldein zu schlendern, das war immer wieder ein ganz eigenes Vergnügen, selbst in der Finsternis, wo es vom Weg – wenn's einer war – höchstens eine unregelmäßige Pfützenreihe zu ahnen gab. Zum ersten Mal seit der Kühe-

Weidezeit der Kindheit stapfte man in solchen Stiefeln und war versucht, ihnen ein Loblied anzustimmen.

ERICH KÄSTNER
Rezitation bei Regenwetter

Der Regen regnet sich nicht satt.
Es regnet hoffnungslosen Zwirn.
Wer jetzt 'ne dünne Schädeldecke hat,
dem regnet's ins Gehirn.

Im Rachen juckt's. Im Rücken zerrt's.
Es blöken die Bakterienherden.
Der Regen reicht allmählich bis ans Herz.
Was soll bloß daraus werden?

Der Regen bohrt sich durch die Haut.
Und dieser Trübsinn, der uns beugt,
wird, wie so Manches, subkutan erzeugt.
Wir sind porös gebaut.

Seit Wochen rollen Wolkenfässer
von Horizont zu Horizont.
Der Neubau drüben mit der braunen Front

wird von dem Regen täglich blässer.
Nun ist er blond.

Die Sonne wurde eingemottet.
Es ist, als lebte sie nicht mehr.
Ach, die Alleen, durch die man traurig trottet,
sind kalt und leer.

Man kriecht ins Bett. Das ist gescheiter,
als daß man klein im Regen steht.
Das geht auf keinen Fall so weiter,
wenn das so weiter geht.

CHRISTIAN MORGENSTERN
Palmström lobt

Palmström lobt das schlechte Wetter sehr,
denn dann ist auf Erden viel mehr Ruhe;
ganz von selbst beschränkt sich das Getue,
und der Mensch geht würdiger einher.

Schon allein des Schirmes kleiner Himmel
wirkt symbolisch auf des Menschen Kern,
denn der wirkliche ist dem Gewimmel,
ach nicht ihm nur, leider noch recht fern.

Durch die Gassen oder im Gefilde
wandert Palmström, wenn die Wolke fällt,
und erfreut sich an dem Menschenbilde,
das sich kosmologischer verhält.

TEXTNACHWEISE

Anonym, Die Sintflut, S. 43, aus: *Die Bibel,* nach Martin Luthers Übersetzung, Lutherbibel, revidiert 2017, Deutsche Bibelgesellschaft Stuttgart 2016

Anonym, Frühlingsregen fällt, S. 74, aus: *Bambusregen. Haiku und Holzschnitte aus dem Kagebôshishû,* übersetzt und herausgegeben von Ekkehard May und Claudia Waltermann, Insel Verlag Frankfurt am Main und Leipzig 1995

H. C. Artmann, ein verregneter samstag, S. 53, aus: H. C. Artmann, *Aus meiner Botanisiertrommel. Balladen und Naturgedichte,* Residenz Verlag Salzburg und Wien 1975

Rose Ausländer, Im Regen, S. 105, aus: Rose Ausländer, *Gesammelte Werke / Und preise die kühlende Liebe der Luft,* hg. von Helmut Braun, © 1988 S. Fischer Verlag GmbH, Frankfurt am Main

Thomas Bernhard, Unbrauchbar, S. 63, aus: Thomas Bernhard, *Holzfällen. Eine Erregung,* Suhrkamp Verlag Frankfurt am Main 1984

Elisabeth Borchers, eia wasser regnet schlaf, S. 28, aus: Elisabeth Borchers, *Alles redet, schweigt und ruft. Gesammelte Gedichte,* ausgewählt und mit einem Nachwort versehen von Arnold Stadler, Suhrkamp Verlag Frankfurt am Main 2001

Bertolt Brecht, Vor der Sintflut. Betrachtungen bei Regen, S. 103, aus: Bertolt Brecht, *Geschichten*, Suhrkamp Verlag Frankfurt am Main 1962

Raymond Chandler, Fußbad im Cabrio, S. 24, aus: Raymond Chandler, *Der große Schlaf*, aus dem Amerikanischen von Frank Heibert, © der deutschsprachigen Ausgabe 2019 Diogenes Verlag AG Zürich

E. E. Cummings, dort wohin ich niemals reiste, S. 61, aus: E. E. Cummings, *Poems / Gedichte*, Auswahl, Übersetzung und Nachwort von Eva Hesse, © Verlag C. H. Beck München 2010

Hilde Domin, Abzählen der Regentropfenschnur, S. 51, aus: Hilde Domin, *Gesammelte Gedichte*, © 1987, S. Fischer Verlag GmbH Frankfurt am Main

Günter Eich, Botschaften des Regens, S. 14, aus: Günter Eich, *Gedichte*, Suhrkamp Verlag Frankfurt am Main 1976

Hans Magnus Enzensberger, Der Fliegende Robert, S. 10, aus: Hans Magnus Enzensberger, *Die Furie des Verschwindens. Gedichte*, Suhrkamp Verlag Frankfurt am Main 1980

Max Frisch, Sonntag, S. 41, aus: Max Frisch, *Der Mensch erscheint im Holozän. Eine Erzählung*, Suhrkamp Verlag Frankfurt am Main 1979

Peter Handke, Ein ganz eigenes Vergnügen, S. 108, aus: Peter Handke, *Versuch über den Stillen Ort*, Suhrkamp Verlag Berlin 2012

Zbigniew Herbert, Was ist das Licht Hollands?, S. 18, aus: Zbigniew Herbert, *Stilleben mit Kandare. Skizzen und Apokryphen*, aus dem Polnischen von Klaus Staemmler, Suhrkamp Verlag Frankfurt am Main 1994

Hermann Hesse, Verregneter Sonntag, S. 33, aus: Hermann Hesse, *Die Kunst des Müßiggangs. Kurze Prosa aus dem Nachlaß*, herausgegeben und mit einem Nachwort von Volker Michels, Suhrkamp Verlag Frankfurt am Main 1973

Erich Kästner, Rezitation bei Regenwetter, S. 111, aus: *Doktor Erich Kästners lyrische Hausapotheke*, © Atrium Verlag, Zürich 1936 und Thomas Kästner

Mascha Kaléko, Jugendliebe a. D., S. 9, aus: Mascha Kaléko, *Das lyrische Stenogrammheft*, © 2016 dtv Verlagsgesellschaft mbH & Co. KG, München

Walter Kempowski, Am besten, man fahre in den Harz, S. 11, aus: Walter Kempowski, *Tadellöser & Wolff* © 1979 Albrecht Knaus Verlag, München, in der Penguin Random House Verlagsgruppe GmbH

Else Lasker-Schüler, Abschied, S. 12, aus: Else Lasker-Schüler, *Werke und Briefe. Band 1: Gedichte*, herausgegeben von Norbert Oellers und Karl Jürgen Skrodzki, Jüdischer Verlag im Suhrkamp Verlag Frankfurt am Main 1996

Christian Morgenstern, Palmström lobt, S. 113, aus: Christian Morgenstern, *Gedichte in einem Band*, herausgegeben von Reinhardt Habel, Insel Verlag Frankfurt am Main und Leipzig 2003

Cees Nooteboom, Roter Regen, S. 71, aus: Cees Nooteboom, *Roter Regen. Leichte Geschichten*, aus dem Niederländischen von Helga van Beuningen, mit Zeichnungen von Jan Vanriet, Suhrkamp Verlag Frankfurt am Main 2007

Rainer Maria Rilke, Regenbogen, S. 67, aus: Rainer Maria Rilke, *Die Gedichte in einem Band*, Insel Verlag Frankfurt am Main und Leipzig 1986

Joachim Ringelnatz, Landregen, S. 20, aus: Joachim Ringelnatz, *Das Gesamtwerk in sieben Bänden. Band 2: Gedichte 2*, herausgegeben von Walter Pape, Diogenes Verlag Zürich 1994

Theodor Storm, »Das bedeutet Glück!«, S. 56, aus: Theodor Storm, *Die Regentrude*, mit Illustrationen und einem Nachwort von Judith Schalansky, Insel Verlag Berlin 2021

Anton Tschechow, Stachelbeeren, S. 75, aus: Anton Tschechow, *Die Dame mit dem Hündchen. Erzählungen 1896-1903*, aus dem Russischen neu übersetzt von Vera Bischitzky, Barbara Conrad, Ulrike Lange, Barbara Schaefer und Marianne Weber, mit einem Nachwort von Gerhard Bauer, © 2004 Cornelsen Verlag GmbH (Artemis & Winkler), Berlin

W. C. Williams, Der rote Handkarren, S. 102, aus: William Carlos Williams, *Die Worte, die Worte, die Worte. Gedichte*, Amerikanisch und Deutsch, Übertragung und Nachwort von Hans Magnus Enzensberger, Suhrkamp Verlag Frankfurt am Main 1973

Ror Wolf, Wetterverhältnisse, S. 70, aus: Ror Wolf, *Die Gedich-te*. Mit einem Nachwort von Friedmar Apel. © Schöff-ling & Co. Verlagsbuchhandlung GmbH, Frankfurt am Main 1996, 2007, 2009, 2015

INHALT

Erste Auflage 2023. © Insel Verlag Anton Kippenberg GmbH & Co. KG, Berlin, 2023. Für die Illustrationen © Gerda Raidt vermittelt durch die Agentur Susanne Koppe. www.auserlesen-ausgezeichnet.de. Alle Rechte vorbehalten. Wir behalten uns auch eine Nutzung des Werks für Text und Data Mining im Sinne von § 44b UrhG vor. Bezugspapier: Gerda Raidt. Gesetzt in der Schrift Joanna MT Std. Gedruckt auf holzfreies, alterungsbeständiges Werkdruckpapier der Firma LENK Paper Schleipen GmbH, Bad Dürkheim, von der Memminger MedienCentrum AG, Memmingen. Gebunden in Fadenheftung von der Josef Spinner Großbuchbinderei GmbH, Ottcrswcicr. Dieses Buch wurde klimaneutral produziert: climatepartner.com/14438-2110-1001. Printed in Germany. ISBN 978-3-458-20534-0.
www.insel-verlag.de